어머니, 나의 어머니

어머니, 나의 어머니

윤수천 연작시집

고요아침

■ 시인의 말

허약한 나를 세상에 내보내 놓고
어머니는 몹시 걱정하셨다.
그래서 아버지와 의논 끝에
이름도 수천이라고 지어주셨다.
목숨 수壽에 일천 천千. 제발 목숨이나 길라고.
그 덕분에 고맙게도 80을 넘겨 살고 있다.
그것도 좋아하는 글을 쓰면서.
어머니, 이제 그만 걱정 내려놓으셔요.
사랑합니다.

2025년 7월
윤수천

■ 차례

시인의 말　　　　　　　　　　05

제1부

어머니 · 1　　　　　　　　　　11

어머니 · 2　　　　　　　　　　12

어머니 · 3　　　　　　　　　　13

어머니 · 4　　　　　　　　　　14

어머니 · 5　　　　　　　　　　15

어머니 · 6　　　　　　　　　　16

어머니 · 7　　　　　　　　　　17

어머니 · 8　　　　　　　　　　18

어머니 · 9　　　　　　　　　　19

어머니 · 10　　　　　　　　　20

제2부

어머니 · 11　　　　　　　　　23

어머니 · 12　　　　　　　　　24

어머니 · 13　　　　　　　　　25

어머니 · 14　　　　　　　　　26

어머니 · 15   27

어머니 · 16   28

어머니 · 17   29

어머니 · 18   30

어머니 · 19   31

어머니 · 20   32

제3부

어머니 · 21   35

어머니 · 22   36

어머니 · 23   37

어머니 · 24   39

어머니 · 25   40

어머니 · 26   41

어머니 · 27   42

어머니 · 28   43

어머니 · 29   44

어머니 · 30   45

제4부

어머니 · 31   49

어머니 · 32   50

어머니 · 33   51

어머니 · 34   52

어머니 · 35　　　　　　　　　　53

어머니 · 36　　　　　　　　　　54

어머니 · 37　　　　　　　　　　55

어머니 · 38　　　　　　　　　　56

어머니 · 39　　　　　　　　　　57

어머니 · 40　　　　　　　　　　58

제5부

어머니 · 41　　　　　　　　　　61

어머니 · 42　　　　　　　　　　62

어머니 · 43　　　　　　　　　　63

어머니 · 44　　　　　　　　　　64

어머니 · 45　　　　　　　　　　65

어머니 · 46　　　　　　　　　　66

어머니 · 47　　　　　　　　　　67

어머니 · 48　　　　　　　　　　68

어머니 · 49　　　　　　　　　　69

어머니 · 50　　　　　　　　　　70

윤수천 연작시집

―

1부

어머니·1

달이 밝은 밤이면 어머니의 노랫소리가 들린다
오동추야 달이 밝아 오동동이냐
동동주 술타령이 오동동이냐
어머니는 달빛에 기대어 밤이 이슥하도록
노래를 부르고 또 부르곤 하셨다
달빛에 젖은 어머니의 노래는
어린 나의 가슴에 파란 무늬를 놓았다
그 무늬가 요즘도 종종 나를 우울하게 한다.

어머니·2

나는 포대기 신세를 참 오래도록 졌다
네 살까진가 다섯 살까지 포대기를 두른 기억이 난다
여기에는 어머니의 지독한 자식 사랑 때문이었다
어머니는 어딜 가려면 나를 업고 꼭 포대기를 두르셨다
그래야 안전하다고 생각하셨다
특히 어머니는 나를 업고 온 동네를 돌아다니기를 즐기셨다
늦게 얻은 아들 자랑을 그렇게 하셨다.

어머니·3

영화관에 갈 때도 그랬다
어머니는 나를 업고 꼭 포대기를 두르셨다
표 받는 아저씨가 눈살을 찌푸리며
다 큰 애를 업고 들어가시면 어떡하느냐고 하면
몇 살 안 됐다고 하곤 하셨다
영화가 상영되는 동안 어머니는 몹시 즐거워하셨지만
나는 하나도 즐겁지 않았다.

어머니·4

어머니는 손바닥만 한 땅도 가만두지 않으셨다
상추 파 호박 고추 등 뭐라도 심고 가꾸셨다
이웃집 아주머니들이 뭘 그리 힘들게 하시냐고 하면
심심해서 그런다고 하셨다
어머니는 심심함을 참 못 참으셨다.

어머니·5

어머니는 공부보다는 노는 일에 팔려
밥 먹는 것도 까먹곤 하는 나를 향해
꾸중 대신 이렇게 타이르시곤 하셨다
일한 자리는 있어도 논 자리는 없는 거여
그 말씀이 지금도 못이 되어 가슴에 박혀 있다.

어머니 · 6

아버지는 신경쇠약으로 집에서만 지내셨다
이름난 학교를 나오시고도 취직을 안 하셨다
아니, 못하셨다
어머니는 그런 아버지를 아낙군수라고 하셨다
어린 나는 아낙군수가 뭔지 몰랐지만
좋은 말은 아니라는 것쯤은 알 수 있었다
어머니의 한숨 소리가 충분히 설명해 주었기 때문이다.

어머니·7

어머니는 착실한 구세군 교인이셨다
나도 어머니를 따라서 일요일마다 교회에 갔다
어느 날, 어머니는 목사님이 내일 기차로 갈려 가신다며
쉴 새 없이 눈물을 흘리셨다
어린 나는 생각했다
예수님은 십자가에 못 박혀서 돌아가시고
목사님은 기차에 깔려 돌아가신다고
이튿날 나는 어머니를 따라서 정거장으로 갔다
교인들이 목사님을 끌어안고 울고 있었다
이윽고 기적소리가 들리고 기차가 들어왔을 때
나는 차마 볼 수 없어서 엄마 치마폭 뒤에 숨고 말았다
기차가 지나간 뒤에야 나는 비로소 알게 되었다
목사님은 돌아가신 게 아니라 전근을 가신 거라고.

어머니·8

어머니는 외아들인 나를 위해 한세상을 사셨다
병약했던 어린 시절, 나는 걸핏하면 앓아누웠는데
그런 날밤엔 어머니는 한숨도 안 주무셨다
한밤중에 눈을 뜨면 언제나 머리맡에 앉아 계셨다
우리 수천이 얼른 낫게 해주셔요
들릴까 말까한 소리로 기도를 하셨는데
그 기도가 예수님에게 닿았는지
아침이면 거짓말처럼 낫곤 했다.

어머니·9

어머니의 내의는 하나도 성한 게 없었다.
그러다 보니 누가 보기라도 할까 봐
빨래를 햇볕 좋은 밖에 널지 못하고
늘 방안 한쪽에 널었다
어쩌다가 손님이라도 오면
빨래부터 감추느라 어머니는 늘 얼굴이 홍당무였다.

어머니·10

어머니는 반찬 그릇 옮기기 선수셨다
내가 좋아하는 반찬은 따로 준비해 두었다가
내가 먹을 때만 내놓으셨다
어쩌다가 친구들이 와서 같이 밥을 먹을 땐
꼭 내 옆에 붙어 앉으셔서
내가 좋아하는 반찬 그릇이 혹시라도
자리가 바뀌지 않을까 노심초사하셨다
그래서 나는 늘 친구들에게 미안했다.

윤수천 연작시집

—

2부

어머니 · 11

아버지와 어머니는 가끔이긴 하지만 잘 다투셨다
화가 머리끝까지 나시면
어머니는 수세미로 솥단지를 박박 문지르셨고
아버지는 입고 계신 런닝구를 발기발기 찢으셨다
나는 지금도 솥단지를 보면 웃음이 나고
티셔츠를 입을 때면 아버지 생각이 난다.

어머니·12

어머니의 하루는 종종걸음의 연속이셨다
안방에서 마루로, 마루에서 부엌으로,
부엌에서 다시 마루로 수돗가로, 수돗가에서 부엌으로
하루도 빼놓지 않고 이어지는 릴레이였다
지금 생각하면 어머니의 그 종종걸음은
우리 가정을 지켜준 안전과 행복의 운전이었다.

어머니·13

   어머니는 내가 고등학교에 들어갈 때 걱정을 많이 하셨다
   몸이 허약한 내가 농업학교를 제대로 다닐 수 있을까
   농업학교라서 작업시간이 엄청 많고 고되다던데
   그런 어머니를 오히려 아버지가 타이르셨다
   작업이 세면 얼마나 세겠냐고
   남들도 잘도 다니는데 뭘 그리 걱정이냐고
   어머니는 3년 내내 나와 같이 농업학교를 다닌 셈이다.

어머니·14

내 두 살 때라고 한다 설 명절 다음날인 저녁에
어머니는 때때옷 입은 나를 업고 이웃집에 마실 가셨다
여러 어머니들이랑 이런 얘기, 저런 얘기를 하는데
느닷없이 내가 바짓가랑이를 걷어 올리더니
내 때 봐! 하더란다 내 다리를 본 어머니들이
이구동성으로 아이고 애 때는 안 씻기고
때때옷만 입혔다며 박장대소를 하더란다
내가 왜 그런 못난 짓을 했는지 지금도 의아하기만 하다.

어머니·15

아버지의 머리맡엔 항상 역사 소설책이 가지런히 놓여 있었다
임진왜란, 삼국지, 인조반정, 대원군…
아버지는 그 소설을 읽으며 하루해를 보내셨다
특히 대원군을 좋아하셨다
이하응이 대권을 잡기 전 갖은 수모를 겪을 때
그를 위로해주고 사랑해 준 추선이란 기생을 좋아하셨다
나는 아버지가 그 추선이를 통해 마음속에 숨겨둔 한 여인을 생각하고 있을지 모른다고 생각했다
아버지도 한 때는 바람을 피운 적이 있었노라고
어머니가 언젠가 딱 한 번 말씀했던 적이 있었다.

어머니·16

고교 3년 가을, 어머니는
내가 백일장에서 장원했을 때 참 좋아하셨다
우리 수천이가 경복궁 가서 백일장 장원했어유
전국에서 모인 오백 명 문사들을 보기 좋게 물리쳤데유
뭐시라고 하더라? 시 제목이 하늘이었는데유
학의 무리가 하늘을 훨훨 날아가는 시를 썼데유
옛날 같았으면 암행어사라는구먼유, 암행어사유
동네방네 돌아다니시며 낮도 모자라 밤중까지
학이 되신 양 너울너울 춤을 추고 다니셨다.

어머니·17

어머니는 내가 우체국 공무원이 됐을 때 참 좋아하셨다

신경쇠약 증세로 평생 집안에서만 지내신 부친에

한이 맺힌 응어리를 나로 하여 얼마쯤이나마 푸셨다

어머니는 하루도 빼놓지 않고 우체국 창구에 오셔서

먼빛으로나마 자식의 근무하는 모습을 훔쳐보곤 하셨다

지금도 나는 어머니의 그 모습을 잊을 수 없다.

어머니·18

 어머니는 내가 퇴근하기 전까지는 잠을 안 주무셨다
 피치 못할 일로 늦기라도 하면 그때까지
 눕지도 않고 꼿꼿이 앉은 자세로
 반야심경을 외고 또 외곤 하셨다
 그 음성이 지금도 바람결처럼 들리곤 한다.

어머니·19

 어머니는 시골에서 도지 쌀을 보내왔을 때 너무너무 좋아하셨다
 토지개혁으로 땅을 빼앗기고 고향까지 떠난 옛날 생각이 나서였다
 우리가 또 도지를 받는구나
 쌀가마를 거실에 놓고 절을 수없이 하셨다
 조상님, 감사합니다아 조상님, 감사합니다아
 집사람더러도 절을 하라 시키셨다
 어머니는 잠도 제대로 못 주무셨다.

어머니·20

어머니는 손자 손녀 운동회 날엔 그 누구보다도 바쁘셨다
아침 일찍 남들보다 학교 운동장으로 달려가셨다
그러고는 보란 듯이 내빈석에 턱 하니 앉으셨다
고마운 것은 풍채가 좋으신 탓에 누구 하나 뭐라고 하지 않았다
어머니는 그 내빈석에서 우리 손자 손녀들을 응원했고
우리 손자 손녀들은 그 응원에 보답이라도 하듯 상을 타왔다.

윤수천 연작시집

―

3부

어머니·21

어머니는 딱지 접기 선수셨다. 시간이 날 때마다 딱지를 접으셨다

동네 아이들과의 딱지 따먹기에 물품을 지원하시느라 그랬다

두 손자가 딱지를 잃고 돌아오면 얼른 준비해 둔 딱지를 내주셨다

엣다 딱지 얼마든지 있다 기죽지 말아야 혀 알았제?

어머니는 손자들이 신나게 노는 걸 제일 좋아하셨다.

두 손자가 딱지를 따서 돌아오면 어머니가 더 좋아하셨다

이를 지켜보다 보면 어머니가 꼭 어린애같이 보이곤 했다.

어머니·22

　어머니는 음식 솜씨도 좋으셨지만 바느질 솜씨도 탁월하셨다
　구멍 난 내의, 구멍 난 양말을 감쪽같이 꿰매 새 것처럼 해놓으셨다
　깊은 밤, 흐릿한 불빛 아래서 바느질하시던 어머니
　나는 어머니를 소재로 동화 「나쁜 엄마」를 썼다
　세상에서 가장 아름다운 것을 생각해 오라는 숙제를 받은 난희가
　자신을 위해 고생하는 엄마의 손을 생각한다는 동화다
　인천 수봉도서관에서 감사패를 받은 동화이기도 하다
　「나쁜 엄마」가 작년 한 해 동안 어린이 책 대출 순위 1위였다고.

어머니·23

한때 어머니는 기름 장사를 하셨다
방앗간에서 참기름을 짜가지고 가가호호 방문판매하셨다
그런데 어머니가 들고 다니던 가방은 PP선으로 짠 가방이었다
튼튼하라고 해서 만든 가방이었는데
어머니는 그 가방을 들고 다니느라 손이 엉망이었다
특히 오른손 장지는 견디다 못해 고부라지더니 펴지지가 않았다
나는 어머니의 그 고부라진 손가락을 볼 때마다
제발 다른 가방으로 좀 바꾸시라고 말씀드렸지만
어머니는 고집을 꺾지 않으셨다
다른 가방은 얼마 못가서 망가진다는 거였다
하기야 기름병이 좀 무거운가 그것도 한두 병이라야 말이지

어머니는 저 세상 가실 때도 고부라진 손가락 그대로 가셨다.

어머니·24

어머니는 고향을 떠나 경기도 안성으로 이사한 뒤부터
 종교를 기독교에서 불교로 바꾸셨다
 안성엔 구세군이 없었기 때문이었다
 집과 가까운 거리에 절이 있었던 탓도 있었다
 내가 공군에 입대하여 백령도에서 꼬박 2년을 복무할 적에
 어머니는 하루도 안 빠지고 절에 가서 기도를 드렸다
 우리 수천이 건강한 몸으로 군대생활하게 해 주옵소서
 그 덕분인지 나는 무탈하게 군 생활을 하고 제대하였다.

어머니·25

나는 직장을 다니면서도 글쓰기를 게을리하지 않았다

게을리하지 않았을 뿐 아니라 공모전이 눈에 띄면 응모하기를 즐겼고 입상한 적도 여러 번이었다

어머니는 그때마다 그게 다 부처님 덕분이라고 하셨다

그리고 상금을 받아오면 꼭 일부를 절에 가 바치셨다

그때마다 부처님이 빙그레 웃으시더라고 하셨다.

어머니·26

내가 KBS와 MBC 가사 공모에서 최우수상을 수상하고
그 상금으로 텔레비전을 들여 놓자,
어머니는 잠시도 텔레비전 앞을 떠나지 않으셨다.
하이고 참 예쁘다 저 아가씨들 좀 봐라
저 아나운서 말솜씨 좀 들어 보거라 저게 사람 맞나
빨리 와 봐라 서영춘 나왔다 합죽이도 나왔다
어머니는 웃으시느라 밥도 제대로 못 드셨다.

어머니·27

어머니는 종종 6.25 때 얘기를 하셨다
우리들 데리고 피난길에 올랐던 일
낯선 남의 처마 밑에서 하룻밤을 지새운 일
폭격으로 불타는 읍내를 망연자실 바라보던 일
굶주림과 추위 그리고 암담한 세월
하이고 전쟁, 말도 마라
지옥이 따로 없었다니까, 지옥이
어머니는 가슴을 쓸어내리고 또 쓸어내리곤 하셨다.

어머니·28

 어머니에게 어느 때가 가장 행복하셨냐고 물어본 적이 있었다
 어머니는 머뭇거림도 없이 이렇게 대답하셨다
 너와 네 누나 키울 때가 제일 행복했지
 너희들 자라는 거 보는 게 낙이었어
 어머니의 주름진 얼굴에 환한 꽃송이가 피었던 걸 나는 지금도 또렷이 기억한다.

어머니·29

어머니는 국민학교가 초등학교로 이름이 바뀐 걸
아주 못마땅하게 여기셨다
자라나는 아이들에게 국민의 기본을 가르치는 교육이니
국민학교가 맞는 거라는 거였다
곰곰이 생각해 보면 그도 틀린 말씀은 아니었다.

어머니·30

인터넷이 없던 시절, 밤새워 동화를 쓰고 나면
어머니는 얼마짜리를 썼느냐고 물으시곤 했다
어머니는 동화를 꼭 돈과 연결 지으셨다
어머니는 돈을 많이 주는 동화를 제일로 치셨다.
참으로 훌륭한 평론가셨다
나는 원고료를 받을 때마다 혼자 웃곤 한다.

윤수천 연작시집

4부

어머니·31

 어머니는 외상을 극히 싫어하셨다
 동네 가게는 물론 종종 찾아오는 행상 아저씨한테도
 절대 빚을 지지 않으셨다
 돈이 없으면 그 어떤 물건도 절대로 사들이지 않으셨다
 봉급날 주십사고 애원을 해도 한사코 현금주의였다
 빚 좋아하면 안 되는 거여
 현금카드를 사용할 때면 어머니 얼굴이 떠오르곤 한다.

어머니·32

어머니는 나이 드시면서 사진 찍기를 좋아하지 않으셨다
가족사진을 찍을 때도 마지못해 찍으셨다
그러나 일단 사진이 나오면 제일 먼저 보자고 하시고는
사진은 그런대로 나왔네 하곤 하셨다
나는 희미하게 웃으시던 어머니 모습이 보고 싶어서
종종 앨범을 꺼내보곤 한다.

어머니·33

  수원은 연 날리기 좋은 곳이 몇 군데 있다
  창룡문 근처도 그 중 하나다
  겨울철이면 많은 이들이 각양각색의 연을 들고 와서 날린다
  어머니는 하늘 높이 연 올라가는 걸 즐겨보시곤 했다
  그러면서 어릴 적 동네 오빠들과 연 날리던 일이 그립다고 했다.
  나는 어머니의 그런 모습을 보다가 동시를 썼다
  그 동시가 「연을 올리며」다.
  초등학교 4학년 1학기 국어 교과서에 실렸는가 하면
  학력평가 문제로도 출제된 바 있는 작품이다.

어머니·34

어머니는 사계절 중에서 봄을 제일 좋아하시면서
또 봄을 제일 싫어하셨다
파릇파릇 돋아나는 새싹들을 보시면서
색색의 얼굴로 피어나는 꽃들을 보시면서
봄이면 저렇게 다들 돌아오는데
왜 한 번 간 우리네들은 돌아오지 못하는 거냐고
봄이 오면 어머니의 그 두 얼굴이 교차한다.

어머니·35

어머니의 소원은 딱 하나였다
외아들인 내가 오래 사는 거였다
이름을 수천壽千이라고 지은 것도 그 때문이라고 했다
목숨 수에, 일천 천.
그 덕분인지 나는 감사하게도 팔십을 넘겨 살고 있다.

어머니·36

 어머니는 특별한 일이 없는 한 주로 절에 가서 사셨다
 남들이 경로당에 가는 그 시간에 어머니는 사찰행이셨다
 절에 가면 마음이 그렇게 편안해질 수가 없다고 하셨다
 절에 다녀온 날엔 잠도 잘 온다고 하셨다.

어머니·37

어머니는 꿈을 꿔도 어릴 적 놀던 꿈을 주로 꾼다고 하셨다
동네 친구들과 소꿉놀이, 땅뺏기, 공기놀이를 한다고 하셨다
꿈을 꾸고 난 아침이면 그 친구들 얘기를 하곤 하셨다
그리고 끝에 가서는 지금 어디서 어떻게 살고 있을까
걔들도 이젠 많이 늙었겠지 하셨다.

어머니·38

나는 어머니의 이름을 처음 들었을 때 놀랐고 의아했다

차분악車分嶽

여자 이름치곤 참으로 드문 이름이었기 때문이다

나눌 분에, 뫼 뿌리 악

어머니는 자기도 모른다면서 외할아버지가 지어주신 이름이라고만 했다

그러면서 어디 가서 이름을 말할 땐 조금 뭣하다고 하셨다.

어머니·39

 어머니는 일흔을 넘기시면서 소원 하나가 더 생기셨다
 외아들인 내가 장수하는 것 말고도 하나를 더 소원하셨다
 그것은 잠자듯이 죽음을 맞이하고 싶다는 것이었다
 아침에 식구들이 어머니 왜 안 일어나세요 했을 때
 그 전에 이미 조용히 저 세상으로 가고 싶으시다고
 자식들에게 폐를 끼치고 싶지 않으시다고
 그 말씀을 자주 하셨다.

어머니·40

나는 어머니와 종종 만두를 빚어 먹었다
요즘처럼 만두피가 없던 시절이어서
그때마다 가루를 반죽하는 수고와
만두 속 버무리는 수고를 감내해야 했지만
만두 빚는 일이 즐거웠고 맛도 좋아서 자주 만들어 먹었다
무엇보다도 만두를 빚으며 어머니가 들려주는 세상얘기가 재미있었다.

윤수천 연작시집

―

5부

어머니·41

어머니는 몇 평 안 되는 화단이지만 참 좋아하셨다
여름이면 의자를 놓고 앉으셔서 자리를 뜰 줄 모르셨다
저 화초들 좀 봐라 얼마나 예쁘냐
서로 어울려서 지내는 모습이 꼭 형제들 같지 않냐
남들은 아파트가 좋다고 하지만 난 단독이 좋다
어머니는 나만큼이나 단독을 좋아하셨다.

어머니·42

어머니는 철저한 불교 신자셨다
절에서 방생을 간다고 하면
며칠 전부터 여행 가는 학생 기분이셨다
이번 방생은 버스 세 대가 간다
난 1호차에 타게 됐다
주지 스님이 특별히 자기 차에 같이 타자고 하잖니
어머니는 선생님한테 칭찬받은 학생처럼 들떠 계셨다.
집사람은 그런 어머니를 위해 기도비를 꼬박꼬박 챙겨 드렸다
어머니는 우리 며느리 최고라며 만나는 사람마다 자랑하셨다.

어머니·43

어머니는 저녁마다 부처님에게 감사 기도를 올렸다

오늘 하루도 우리 가족 무사하게 지내게 해주셔서 감사합니다

나는 어머니의 그 기도 소리를 마음으로 들을 수 있었다.

어머니·44

　어머니는 종종 우리 집 앨범을 들여다보기를 좋아하셨다
　하이고 애비 상 탈 때 사진 좀 봐라
　하이고 우리 손자 손녀 노는 것 좀 봐라
　어머니는 사진 한 장마다 그냥 넘기지 않으셨다
　꼭 한 말씀씩 하셨다
　그랬다 우리 집 사진은 우리 가족의 역사였다.

어머니·45

어머니는 아버지의 신경쇠약을 팔자라고 하셨다
어디 가서 물어보신 모양이다
뱀띠가 동짓달에 나셨으니 제대로 활동을 하겠냐는 거였다
사람은 팔자대로 산다는 말씀도 하셨다
살아보니 맞는 말씀이란 생각이 든다
언제부턴가 나도 운명론자가 되었다.

어머니·46

어머니는 저녁노을 바라보시기를 좋아하셨다
그러면서 혼잣말을 하시곤 하셨다
자연의 노을은 저리도 고운데
왜 우리네 노을은 그렇지 못하냐고
나는 어머니의 그 쓸쓸해하시던 모습을 잊을 수 없다.

어머니·47

어머니는 신문을 다 읽지 않으셨다
언제나 후딱 보셨다
웬 신문을 그리도 빨리 보시냐고 여쭤 보면
신문 한쪽 구석만 보면 세상이 다 보인다고 하셨다
도대체 그 한쪽 구석이 어디냐고 다시 여쭤 보면
어딘 어디여 물가 시세지! 하셨다
어머니에게 물가 시세는 곧 세상이었다.

어머니 · 48

어머니는 손주들과 윷놀이를 즐기셨다
두 손자가 한 팀이 되고
어머니와 손녀가 한 팀이 되는 시합이었다
일테면 남성 팀과 여성 팀의 대결이었다
진 팀은 노래를 불러야 했다
손주들이 지면 동요를 불렀고 어머니는 유행가를 불렀다
가끔은 말판 문제로 옥신각신하기도 하였다
윷놀이가 있는 날은 집안이 들썩들썩하였다.

어머니·49

  어머니는 비빔밥을 즐겨 드셨다
  나물만 있으면 고추장과 참기름을 넣고 꼭 비벼서 드셨다
  그러면서 하시는 말씀이 재미있었다
  풀을 먹는 짐승은 모두 착하다고
  토끼나 염소 소를 보라고
  반면에 고기를 먹는 짐승은 하나같이 사납다고
  호랑이 사자 여우를 보라고
  사람도 채소를 많이 먹어야 한다고.

어머니·50

　어머니는 당신의 소원대로 주무시는 것처럼 돌아가셨다
　저녁도 잘 드시고 자리에 누우시더니 그대로 가셨다
　그 흔한 말씀조차 남기지 않으셨다
　숨소리마저 거두어가지고 조용히 가셨다.

어머니, 나의 어머니

초판 1쇄 발행일·2025년 07월 25일

지은이 | 윤수천
펴낸이 | 노정자
펴낸곳 | 도서출판 고요아침
편　집 | 김남규

출판 등록 2002년 8월 1일 제 1-3094호
03678 서울시 서대문구 증가로 29길12-27, 102호
전화 | 302-3194~5
팩스 | 302-3198
E-mail | goyoachim@hanmail.net
홈페이지 | www.goyoachim.com

ISBN 979-11-6724-251-8(03810)

*책 가격은 뒤표지에 표시되어 있습니다.
*지은이와 협의에 의해 인지는 생략합니다.
*잘못된 책은 교환해 드립니다.

ⓒ 윤수천, 2025